テレビ朝日
日曜よる8:00
企画・製作
石原プロモーション
テレビ朝日

西部警察 PERSONAL 1
石原裕次郎×渡哲也
THE KING OF SEIBUKEISATSU

KOGURE KENZO
POLICE ACTION

BEST SHOT

木暮謙三
西部警察署捜査課長
自らの意志でエリートコースをはずれ、最も過酷な捜査の最前線を希望して西部警察署へ。性格は豪放磊落で、大門の最大の理解者として軍団をサポートする。

5年間という永い年月、西部警察に拍手を送っていただき、ありがとうございました。
この5年は、自分の人生の何分の一かですが、私にとっては最も重大な5年でした。
それだけに西部警察は生涯忘れられないものとなりました。

46-20

警視庁 西部警察署

やった やられた

KIRIN

GAZELLE
ガゼール

木暮課長の専用車にしてプライベートカー。覆面車としても活躍。ダッシュボードには警察無線機を搭載し、当時としては珍しい自動車電話も装備。日本に一台しかないオープン仕様のガゼールとして、話題を呼んだ。

Colt Lawman 2inch
コルトローマン2インチ

大門軍団の標準装備たる通常時携帯銃。木暮課長を筆頭にほぼ全員がこの銃を常備していた（二宮、佐川が携帯していたかは不明）。団長も、レミントンを使わない時はこの銃を腰に付けている。また、肩から吊ることもあり、ホルスターはタツがよく使用していたものと同型と思われる。木暮も第2話でこのホルスターを着用していた。

WALTHER PPK/S
ワルサー PPK/s

木暮課長の非常用（?）携帯銃。第67話で犯人との銃撃戦になった際に使用した。なんらかの理由でコルトローマンが使用不能に陥った際に使うべく腰に差してある、予備の銃と考えられる。登場・使用頻度は極めて低い。

KOGURE's
CAR and GUN

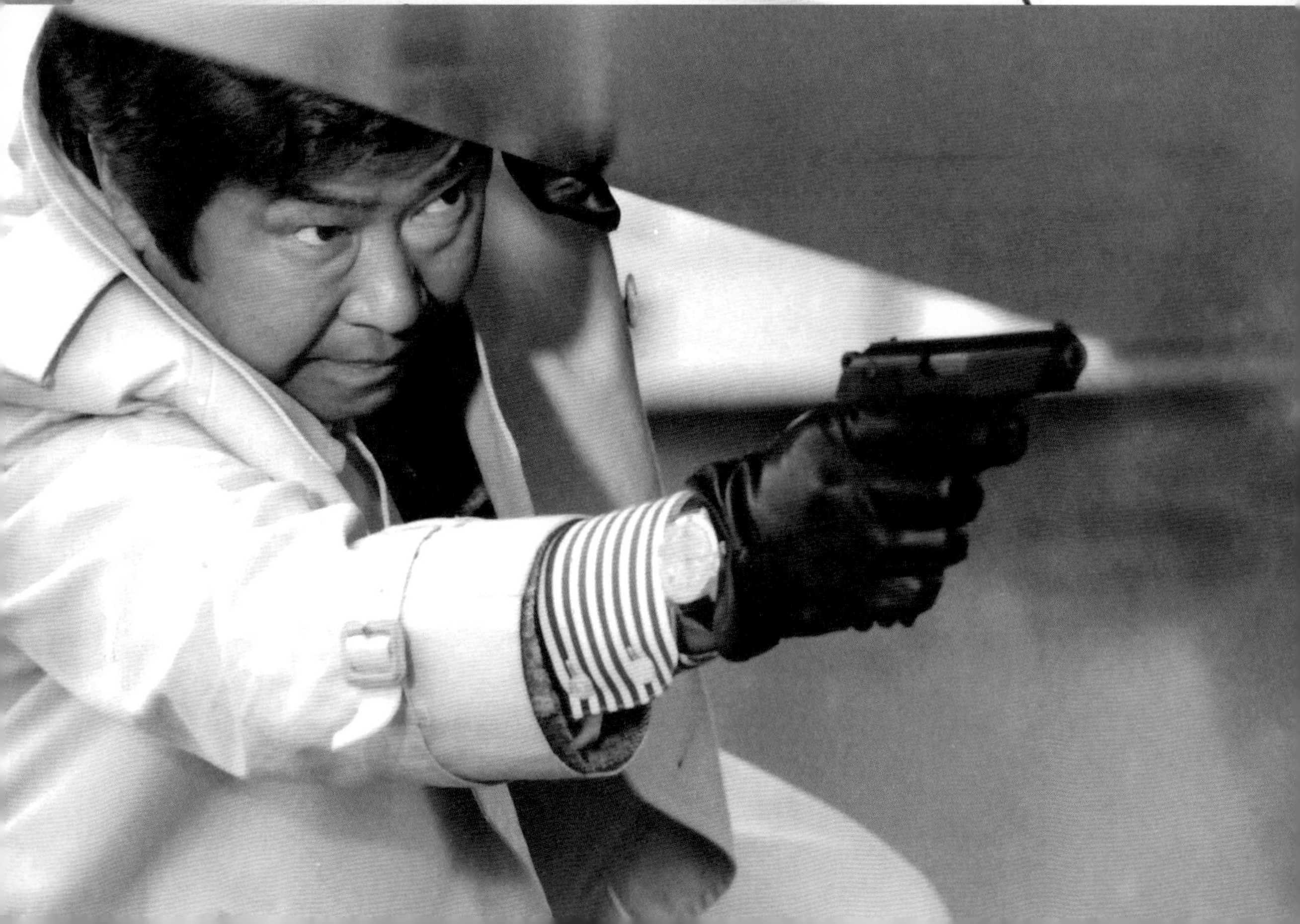

西部警察
朝日放送

DAIMON KEISUKE
POLICE ACTION

BEST SHOT

大門圭介

西部警察署部長刑事

西部署捜査課の部長刑事で、強者どもをたばねた大門軍団の団長である。悪を憎み、愛用のレミントンショットガンを駆使して常に悪と対決する、鬼刑事だが、人情味あふれる熱血刑事だ。

西部警察の５年間は、激動の５年間でもありました。私にとっても石原プロという会社にとっても重大な年月でした。おかしないい方ですが、西部警察はドラマであってそうでないような番組でした。番組を支えるチームワークは日本一といっても過言ではないと思います。いいかえればスタッフも俳優も団結をしなければならない５年間だったわけです。

SAN
NISSAN
品川33
た35-27

SHOT

浜源太郎［西部警察署刑事・愛称ゲンさん、おやっさん］井上昭文

沖田五郎［西部警察署刑事・愛称オキ、五郎］三浦友和

鳩村英次［西部警察署刑事・愛称ハト］舘ひろし

源田浩史［西部警察署刑事・愛称ゲン］苅谷俊介

松田 猛［西部警察署刑事・愛称リキ］寺尾 聰

谷 大作［西部警察署刑事・愛称谷さん、おやっさん］藤岡重慶

平尾一兵［西部警察署刑事・愛称イッペイ］
峰竜太

北条卓［西部警察署刑事・愛称ジョー］
御木裕

五代純［西部警察署刑事・愛称ジュン］**石原良純**

山県新之助［西部警察署刑事・愛称大将］**柴俊夫**

南長太郎［西部警察署刑事・愛称長さん、おやっさん］**小林昭二**

YAMAHA

SAFARI 4WD
サファリ4WD

大門団長の特令を持って警視庁の技術陣が総力を挙げて作り、犯人逮捕に大きく貢献したサファリ4WD。

SUPER Z
スーパーZ

大門団長の専用車でマシンXにかわる多目的特別車だ。スイッチひとつで各部の特殊装置が作動するフルオートの夢の車だ。フルオートのガルウィングが美しい。

Remington Model 31
レミントンM31 ライアットショットガン

大門団長おなじみの愛用ショットガンでPART-Ⅰではほぼ全話にわたって登場した。ある時は黒パトかマシンX、またあるときはヘリから応戦する犯人との闘いで使用。MGCのモデルガンを改造して作った。

M16 Custom
M16カスタム（西部警察スペシャル）

大門団長の専用銃。主にサファリ4WDの上から犯人を狙い撃ちした。正式名称はコルトAR15（USM16）で、1957年にアメリカのフェアチャイルド社で開発された。

DAIMON's

CAR and GUN

復活の日

生還率３％の大動脈瘤手術から奇跡の生還

1981年（昭和56）10月29日 成田山新勝寺

健康回復祈願の
お焚き上げ

10月29日（THU）
成田山お焚き上げ式
12000人（ファンの数 編集部注）

13：00～19：30
社員スタッフ全員集合
（石原裕次郎の手帳より）

本尊不動明王
御尊像であります

喜びの時を迎える

左から国立六三鑑識課長役武藤章生、兼子仁刑事役五代高之、二宮武士捜査係長役庄司永建、3人おいて大門明子役古手川祐子、1人おいて薫役幸田薫、朝比奈役佐原健二。

1982年（昭和57）2月2日 調布日活撮影所

「西部警察」復帰の
節分の豆まき
完全復帰には、
まだほど遠い――。

勝寺特
願

祝 裕ちゃん
えりなさ

特別インタビュー・前編

もう一人の大門圭介
「渡さんの影武者《スタンドイン》だった7年間の熱き日々――」

元俳優 **永野明彦**

〝渡哲也を演じた漢《おとこ》〟こと、俳優・アクション俳優の永野明彦さんについにコンタクトをとることに成功！　石原プロファン、渡哲也ファン、『大都会』&『西部警察』シリーズのファンなら誰もがご存知のことと思うが、渡さんにはスタンドイン、つまりリハーサル時やアクション（殺陣）時に専任の吹き替え男優がいた。それが永野明彦さんだ。『大都会』&『西部警察』両シリーズの技斗・殺陣（アクション）を担当したグループ十二騎所属ながら、俳優・渡哲也のスタンドインも務められた永野氏に、当編集部は前々「LEGEND」シリーズ時より、コンタクト先の調査と取材のタイミングをうかがっていたが、今回ようやくその機会に恵まれた。本誌は一路、永野氏のいる長野県安曇野市へ――。そこに待ち受けていたものは――!?　今、語られる、正真正銘の渡哲也の『大都会』&『西部警察』の7年間の秘話が明らかに！

まずはなんといっても永野さんと石原プロの〝出逢い〟から。やはり技斗・スタントを担当した、高倉英二氏率いるグループ十二騎からのご縁なのだろうか？　そこから伺ってみた。

永野　高倉さんのところの十二騎（会）に入ったんですが、元々は役者志望でした。運動は小学生の頃、柔道から始まり空手もやっていました。高倉さんも元々いろいろなとこにいらしたのですけど、そこから独立されて十二騎会を始めたので、そこで武道的な立ち回りなどを教わりました。そのグループ十二騎にいたときに『大都会 PART II』（'77年）に出演したのが石原プロとのお付き合いの最初です。その時に『PART II』ですから松田優作さんがいらした（徳吉功刑事役）。優作さんとは『太陽にほえろ！』（'72年）の頃からの知り合いで、二人とも20歳そこそこからこの仕事を始めていましたので、気心が知れていました。あるとき〝犯人役の私と松田優作さんと二人だけのアクションシーンをワンカットで撮りたい〟というお話になり（『PART II』第3話）。村川透監督だったので、3人で打ち合わせして「最初と最後だけ決めて、中間はフリーでやってみよう。カメラ長回しでやろう」ということになったんです。ところがやっぱり約束事がないもので、途中でアクシデントがあって、僕は腰にすごくダメージ受けちゃったんです。それからすぐ入院。1か月半くらい入院していました。

　優作さんも空手をやっていましたので、演技で僕が低い態勢からバッと立ち上がったところ、優作さんのパンチがカウンターで当たっちゃったんです。脊椎が神経癒着しちゃった状態で、病名というか怪我的な名前から言えば〝椎間板ヘルニア〟でした。日本で5本の指に入る医者を紹介してもらって診ていただいたところ、「これは魚を3枚におろすように、簡単に手術はできない」と。私は22歳だったんですけど、「翔んだり跳ねたりするような仕事はもう無理だから、職業を考えた方がいいよ」と医者に言われ

渡さんのすべてが理解できていないとスタンドインはできません。（左・サングラスの永野さん）

石原裕次郎さんから頂いた感謝状は私の一生の宝物となりました。

ロングのカメラアングルの時などは、渡さんに代わって演じていました。

まして。「なんとか治る方法はないでしょうか」と聞くと、「治療方法は全くないね。奇跡的に治るのを待つしかない。何が奇跡かというと僕たちも分からない」と、そのお医者さんに言われました。ところがやっちゃいけない運動をやっていて、驚くべきことにそれが功を奏してノーマルになったんです（笑）。激痛が走りましたけどね。〝下半身不随になったかな?〟と思ったくらい。僕もいよいよお金もない、というときに石原プロから、「ちょっと撮影所に来ないか?」と声がかかりました。衣裳部屋に行くとそこに初老のおじさんがいました。小澤啓一さんという大監督です。そこでスーツを着ることになりました。「ちょっと後ろを向いてくれ」、「横向いて」、「おい、ちょっとメガネ持って来てくれ」と言われて。で、レイバンのサングラスをかけ……すると小澤監督が「お、いいじゃねぇか? いいんじゃない、彼でどう?」という話をしてるんです。〝何かいい役くれるのかな?〟と期待していると、「君、髪の毛切れるか?」と言われました。そのときの僕は長髪でしたので「髪の毛、どのくらいですか?」と聞くと、「角刈り」と。「……僕、何演《や》るんですかね?」という話になりまして。小澤監督が「いや、兄イの代わりやってもらいたいんだ」と。当然、僕は石原プロの人間ではないので、〝兄イ〟と言われても分からない。「兄イって?」と聞くと、今度は石原プロのスタッフの方から「あゝうちの渡です。ちょっと調子が悪いので、スタンドインやってもらえませんか?」と言われました。後で知りましたが〝兄イ〟って、じつは社内のみんなが渡さんを呼ぶときの呼び名が〝兄イ〟なんです。〝渡さんの代わり……〟、僕も調子悪いし、アクション番組でスタンドインに行ったら、危険なことも代わりにやらなくてはいけなくなる。これはちょっと無理だなぁ〟と思ってお断りしようと思いました。それで「俺、役者だし……」と言うと「それは保証する。保証というか、責任は持つ」と。「ちゃんと役としての仕事も与えるよ。生活も一切保証する」と言われました。僕、金なかったし、まぁ〝渡りに船かな?〟と思って、兄イは「付いていてさえくれればいい」と言っているから、と。〝そうは言ったってそうはいかねぇだろ?〟と思いながら（苦笑）も、調子も良くなってきたんで、結局、お引き受けすることにしました。

石原プロとの出会いは優作さんのおかげです

永野　それがきっかけです。だから、今となってみれば優作さん様様なんです。それから渡さんと一緒に仕事をするようになりました。今でも僕、忘れないけど、撮影スタジオの国際放映がある近く、世田谷通り沿いに大蔵病院があり、そこが撮影現場で〝そこで渡さんを紹介するから〟という話になり何時に待ち合わせとなったんです。じつは渡さんとは、NHK大河ドラマの『勝海舟』（'74年）で一度ご一緒しているんです。そのときに、僕のことを憶えていて、それで今回、僕をご指名くださったということをスタッフから聞いたので「そうかぁ……」と、その話を思い出しながら待っていると、日産の最高級車のセンチュリーがスーッと来て、渡さんがバッと車から出ていらしたんです。普通だったら窓を開けて「宜しくな」で充分じゃないですか。バッと降りて、「宜しくね」と言われ、「どうぞ乗って」と。それで乗せていただいて、〝どこに行くのかな?〟と思っていたら近くの鰻屋さんで、それまで食べたことのないような鰻をご馳走になりました。「永野君、お住いどちらですか?」、「お住まいってほどじゃないんですけど（笑）、私は町田の鶴川というところに住んでいます」、「あゝじゃあ比較的日活と近いね」、「あゝもう、家からすぐです」、「あゝそっかぁ……」という会話からすべてが始まりました。そのときに、渡さんが石原裕次郎さんに初めて会ったときとたぶん同じような印象だと思うんですけど、こんなビッグスターが僕みたいなどうでもいいような、言ってみればスペアタイヤみたいな若造に、こういう礼を尽くすのか!? と、びっくりしましたね。心底すごい人だなぁと思いました。

渡との初対面時の印象や、そのときのやり取りなども具体的に伺った。

永野　特に寡黙というほどでもないのですが、次から次へと話をされるタイプの方でもなかったので、その鰻屋さんでは「住まいはどちら?」、「撮影所は近いか、遠いか」、あとは出身、「生まれはどちら?」といったぐらいでしたね。
　そこからいわゆる影武者＝スタンドインが始まり、セットも含めて渡さんが行動されている日程にはすべて付随してお芝居もしました。例えばちょっと渡さんの体がしんどいとき、犯人の取り調べ室のセットに寺尾聰さん、舘ひろしさんがいたりする。そこに渡さんのセリフもらってテスト。で、本番だけ渡さんが演じて……というような感じです。それから合間を見て犯人役で使っていただいたり、その繰り返しでずっと7年間やってきました（笑）。

ということは、最初の出会いから『西部警察』シリーズが終わるまでの7年間、渡哲也の一番傍にいた俳優、ということにもなる。その点を永野にぶつけてみたところ……。

永野　一番近かったですね。時間的には一番共有したかもしれません。長かったですね。本当に仕事も遊びも……。
　スタンドインのやり方は、例えば自分がテストで演じ、それをポイントだけお伝えしてご説明して、渡さん本人が演じられる。あとは連携プレーで、1カットでカメラが引いた絵で車が走り込んで来て、橋の欄干から私が飛び降りる。下にはご本人がスタンバイしていて立ち上がり、そこからバン!と、銃を撃つ。だからまさに本人がやっているように見えます。渡さんご自身も結構ここぞというときは自らやられていましたね。
　例えば格闘もの、ボディアクションシーンなどは僕のシルエットで撮りました。よく覚えているのは、ガッツ石松さんがゲストで来られたとき（『大都会PARTⅢ』［78年］第24話）、トンネル内でシルエットで渡さん演じる大門と回転しながら殴り合うシーンがあるんです。それは僕が演じました。やっぱり激しいアクションですと、他のお芝居もあるので続かないからです。
　ちょっと話は前後しますけど、最初に石原プロの現場で渡さんとお会いしたのは砧の撮影所でした。実際に渡さんを紹介してくださったのは、マネジャーの小島（克己）さん。小林正彦専務とお会いしたのはその後でした。そのときの自分の年齢は22歳ぐらい。僕は『大都会』のPARTⅠ、『―闘いの日々―』（76年）には一切関わっておらず、『PARTⅡ』からになります。

石原プロとのお付き合いは渡さんを通して、ということになった永野。ある意味、すごい贅沢なきっかけではあるが、石原プロという会社自体の印象はどうだったのだろう? アクション撮影時の思い出話も交えてお聞きしてみた。

永野　僕が最初に石原プロに参加させていただくようになり、一緒に仕事をしたとき、僕も他の会社のドラマにも出演していたので、スタッフも含めて比較ができるわけですけど、まず石原プロの皆さんは、平均して仕事に対してのバイタリティがすごい。あと段取りが非常に素晴らしかった。陣頭指揮を執られていた当時の専務、コマサさん（小林正彦氏）は完璧でしたね。〝派手なことはやるけれども怪我は絶対にあっちゃいかん〟という信念が第一にあったと思います。キャストの方々もスタッフに対して全幅の信頼関係です。僕も振り返ってみてよく怪我人が出なかったなと思いましたもの。
　火薬を使い、ガソリンも使う。あれは渡さん（大門）の一番最後の殉職のと

身のこなし一つにしても懸命に練習を重ねました。

き（『西部警察 PART-Ⅲ』［'84年］「さよなら西部警察 最終回3時間スペシャル」）、犬島に行って、あそこで銃を持って五寸玉の火薬を仕掛けたところをよけながらボンボンボンと走って行くシーンを僕で撮ったんです。テスト時は仕掛けてある場所に旗が立ってるから分かります。でも本番では旗は全部抜いちゃう。〝もし、股間の下で爆発でもされたら俺どうなっちゃうのかな？〟とも一瞬考えました。でも、他の人間が先行してこのコースを行ってからドーン！ と爆発するので、まぁ大体分かるっちゃあ分かるんです。ところが、風向きが変わっちゃうと後ろの方でドーン！ と爆発した破片などが前に飛んで来る。セメントが含まれていますので、すぐに視界が真っ白になっちゃうんです。それが走っている僕の前へ飛んじゃうんです。辺りが見えなくなってもう焦りました。一瞬、死ぬ覚悟もしたぐらい。ギリギリ全然問題なかったですけど。他にも火の海を車で通過するとか。それこそヘルメットを被ってやりましたが、ヘルメットの上からでもパーン！ と爆発の振動が伝わります。専務が「気合入れれば大丈夫だぞ！」って（笑）。〝俺、カースタントマンじゃねぇけどな〟と思いながらやりました（苦笑）。

殺陣、アクションの中で特に印象に残っているシーン――爆破はもちろん、ヘリコプターを使ったスケールの大きなアクションなど、渡の活躍シーンを中心に、秘話をご披露いただいた。

永野　静岡で大きなセットを組んで爆破シーンを撮ったことを覚えています（『西部警察 PART-Ⅱ』［'82年］第11話）。湖は浜名湖でしたよね？ ヘリコプターが宙に浮いている状態のときにドーン！ と大きな爆破が起こるシーンです。もちろんテストで僕が何回もやるんです。引きで撮ろうというお話です。すると渡さんが「やる」って言うんです。じゃあ、寄らなきゃいけないじゃないか、という話になり。爆破の後ろの建物とでかい爆発を撮るためには、人間を多少小さくしないと映らないので、〝そこは永野でいけばいいじゃないか〟という話になっていたんですけど、渡さんが「いや、俺行くよ」と仰って。急きょカメラを増やして同時に一斉に回して寄りと引きの撮影に変更しました。

僕としては立場上「やれ」と言われればやります。頼まれもしないのに「いや、俺がやりますよ」と言っても〝お前は主役じゃない〟ってなっちゃうから、ただもう黙っているだけで。「渡さん、足場、降りるときに着地するときに絶対にかかとから降りないようにしてください。指先の方から着くようにして、膝は瞬間的に曲げてください。伸ばしちゃうと怪我しますよ」というアドバイスぐらいしかできない。そこで細かなアドバイス……と言ったら横柄な話ですけど、ご説明しました。もういくら危険を説いても、「いや、どうしても俺がやる」と渡さんは言って聞きません。普通だったら避けます。

主役だし、そんなことで怪我したら皆に迷惑をかけるでしょうから。でも、万全な体調じゃないにも拘らず……これはもう責任感ですかね。それが非常に印象的でした。

ここで少し話題を『大都会 PART Ⅱ』にプレイバックして……今度は渡と優作との関係性についてお聞きした。お二人亡き今、〝生き証人〟のひとりとして永野しか語れない貴重な証言だ。

永野　優作さんはどちらかと言うと昔の映画バカと言うんですか？ 作品に対しては没頭して真剣勝負で入って行く。それこそ現場では殴り合いをするぐらい

現在は長野の安曇野市で妻と長男の３人、ノンビリ暮らしています。（自宅前で）

渡さんに代わってヘリにぶら下がって演じるシーン。ずいぶん危ないことがありました。

真剣にやる方でした。『大都会ＰＡＲＴⅡ』のときのことですが、渡さんに仕事のことで口出ししたのはたぶんあの人ぐらいだと思うんですよ。というのは、渡さんからお聞きしたんですが、「〝渡さん、いつまでやるんですか？　いつまでこの会社にいるんです？　もっともっとグローバルな仕事を受けるんじゃないですか？〟って言ったのは優作だけだな」と、仰ってましたから。言われるまでもなく渡さん本人だってやりたいですよ。実際やりたかったと思います。でもそれは〝一度決めたことだから、これが俺の人生だ〟と、そういう覚悟だったんじゃないですか？

　反面、渡さんは逆に嫌な気持ちは思わなかったと思います。むしろ嬉しかったんじゃないかと。

渡さんのためだったら体を張ってやる。でも迷惑がかかるので怪我はダメ

『大都会』シリーズ後半から次第に派手なアクションシーンが増えて行き、その後『西部警察』シリーズに継承されて、さらに派手さを増して行ったことはファンもご周知の通り。『西部警察』シリーズのカーアクション、爆破、その他はどんどんエスカレートしていったが現場にいた永野の目にはどう映っていたのか？

永野　確かにどんどん派手になっていくなかで、「え〜〜!?」と思ったのは、運河のシーン（『西部警察ＰＡＲＴ－Ⅰ』第１０４話）。タイトルバックでも使われた、フェアレディＺが運河の向こう岸にぶつかって転がってっちゃうという、三石さん（三石千尋／マイクスタントマンチームのリーダー）がスタントをされたシーンです。あれは、スタートを撮るカメラ元で監督がトランシーバーで「用意、スタート！」と合図する場所で、僕は三石さんの傍にいて、一緒に見守っていて、手を振るとこだったんです。「三石さん、大丈夫?」って言ったら、「はァ〜〜……翔ぶかなぁ……」と、あんまり自信がない顔をしていましたけど、結果的には向こうの岸に届かずにぶつかって肋骨３本と頭部亀裂骨折の大怪我で、助かったは助かりましたけど車はぐちゃぐちゃで、よく助かったなと。唯一、怪我人を出したというのはあの撮影だけだったと思います。

　専務が「三石！　三石!!」って叫んですぐ救急車で運びました。そこでプロデューサー補の岩崎純さんが「ハイ！　無駄にはしません！　予告編!!」と仰っていたり、非常に不思議な空気感の撮影現場でした。でも、こうエスカレートしていって本当に大丈夫かな？……と、思うような撮影が増えていきました。

　基本的に僕は20代、恐いもの知らずでそれも当然自分が積み重ねてきたなかで、自信ももちろんあります。できるこ

とできないことはありますけど、不思議と〝この人のためには体張ってやろう〟という気持ちでした。渡さんのためだったら体張ってやろう。でも怪我をしたらご迷惑をかける。そういう意味では絶対に怪我をしないぞ、ということで少し時間をもらったりして、緊張感というか、慎重さがありました。粋がって度胸一発という時代じゃないんで、怪我をしたら恥、怪我をしたらご迷惑をかける、という思いが一番底にはありました。

安全・安心のためのゲン担ぎなどはされたのだろうか？ また、アクションに臨む際の心構えやポイントなどもお話しいただいた。

永野　僕は特にゲン担ぎはしませんでした。下見に行き、例えば「こういうカットを撮るよ。高さはこのくらいだよ。下はこうこうなってるよ」そこでカメラマンに「絵面ってどのぐらいまで引っ張りますか？」と聞く。そうすると下の距離が計算できるんで、「じゃあここにもうひとつダンボールとダンボールの間にマットを1枚敷いてください」と言う。そうすると、飛び降り方というのも派手に計算できるので。その辺は僕は慎重にやっていました。あれは経験といえば経験なんでしょうけど、体から落ちる場合と、足から着地する場合があるんですけど、割と着地のときに皆怪我しやすい。飛び降りる高さにもよりますが、前のめりになると体からいっちゃうし、後ろから行くとかかとから落っこちちゃうから、かかとを損傷しやすい。飛んだ瞬間に本能……というか、これはもうキャリアなんでしょうね。

もちろんやること自体、度胸はいりますよ。それも度合いによるんですけど、度胸は必ずいります。度胸とあとは計算。『大都会』、『西部警察』も撮っていらした澤田幸弘監督にテレビドラマで、ロサンゼルスのロケに誘われて行ったときのことです。

向こうのスタントマンも確かにド派手にやるんです。

全部リモコンですよ。リモコンで車を走らせて、1セット50万円（当時の金額）ですよ。日本なんかもっと安いわけです。でも命かけてる。こんなに違いがあるのか？と、比較しましたね。

向こうは安全対策は万全。日本は度胸一発です。

大なり小なり怪我は全くなく無傷でということはないから、怪我したことを学習して勉強して行くしかないですね。

僕も石原プロと深い関わりを持つきっかけになった、優作さんの膝、肘が当たって怪我したときは別として、『西部警察』での怪我はありませんでした。一度もなかったです。擦り傷、切り傷もなかった

ですね（笑）。渡さんそのものの役の設定も、始終飛んだり跳ねたり飛び降りたり殴り合ったりというシーンがそうあるわけではなかったのも幸いでした。どちらかと言うと渡さんのアクションは殴るシーンが多かったですね。

渡さんの〝くせ〟を徹底的に勉強しました。

そして何より、名優・渡哲也を演じる際の〝秘訣〟を伺った。これぞ永野氏しか語り得ない秘話中の秘話だ。

永野　〝歩き方〟——というのは、タイトルバックで大ラスで最後に「ひとり」（『大都会　PART－II』で渡が歌う挿入歌）って歌が流れるところをタバコを吹かしながら渡さんが歩くシーンでエンディングになるんですけど、渡さんの調子が悪いときが何回かあったんです。

〝渡さんが今日は体調的にきつい〟というときに、専務が「じゃあ永野君で行こう」と、なって。監督はもう、いきなり歩き出す演技指導をするのですが、僕は「ちょっと待って」と言いました。タバコ吸いながらですから、ただ歩きゃいいってもんでもない。で、渡さんの仕草を思い出し思い出ししながら演じました。渡さん、左足だったかな？　ちょっと引くんです。石原さんもどちらかの足を引くんです。

歩く〝くせ〟がお二人ともあって、やっぱりスターという目で見ちゃうからかもしれませんけど、歩き方が格好いいんですよ。そこは意識してちょっと足を引くような感じで歩いて……。当然テストもやるので、レシーバーで「じゃあ永野さん、本番行きます。今のできてますか？」と確認を取り合いつつ、3回ぐらいやりましたね。

また演じる際には、僕が20代だとすると、渡さんとちょうどひと回り違うという点を意識しました。アクションひとつにしても走り方もそうですけど、その辺はやはり日頃傍にいますので、本番の走り方、殴り方は見て学習していました。

テストだから映るわけでもなんでもないんで、〝誰がやってもいいんじゃないかな〟と思う方もいると思います。けれど、スタンドインとして専門で付いているからには、時にテストでお芝居のひと言二言のセリフを渡さんの代わりに言ってみるとか、歩くシーンを少しでもご本人に近づけようと。何年もスタンドインをやり、プライドが出てきたので、そこは勉強しましたね。

続いて〝スタンドインの矜持〟はどんなものかお聞きした。それは俳優・渡哲也のイメージを損なわないように演じるということだったのだろうか？　それとも渡ができないようなことを代理でするという意味合いのことだったのだろうか？

永野　もちろん自分がやるんだけれども、いかにも渡さんがやっているかのように見せようという意識は段々上がって行きました。自分の意識のなかにですよ。〝オレはスペアタイアみたいなもんだから代わりはいくらでもいるよ〟っていうような現実があるとしても、あるからこそ、〝オレはこの石原プロの作品が終わるまではやろう〟というプライドを持ってやっていました。〝オレしかできねぇぞ！〟っていうぐらいの気持ちで。

そんな永野に、渡はスタンドインに関してどのように声をかけていたのだろうか？その辺の興味は尽きない。

永野　渡さんという人は、特に褒めるとか感情をあまり出す人ではありません。

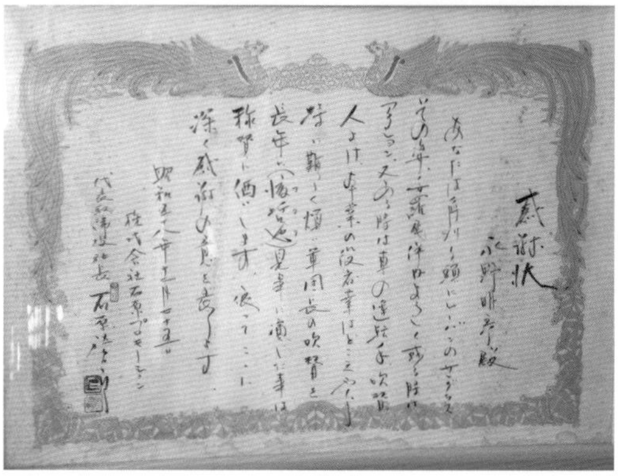

石原さん、渡さんに仕えたことの幸せを深くお二人に感謝しています。

アクションシーンなどで僕がアクションを付けさせてもらったとき、渡さんは少し疲れた様子でした。「渡さん、この1カットだけ。絶対映えますから」と僕が言い、「彼（相手役）、勝手に飛びますんで、力要りません。ちょっと振ってもらえばいいです。あいつはもう1mぐらい浮いて倒れますから」と説明しました。絵柄としては少林寺の技なんですけど、「これぜひ、やらせてください！」と。そのときの、相手役のゲストがあの福本清三さんだったんです（『西部警察PART-I』第50話）。あの人も身軽だしアクションも上手ですし。「フクさん頼むで、飛んで」「任しとけ！」、「ちょっと支えて、ちょっと腰をひねってもらえば飛びますから」と言って。結果的に渡さんと福本さんでそのアクションをやっていただきました。そのお話のオンエアが終わってから1か月半以上経ってからでしたけど、放送をご覧になったと思うんです。「いや永野君、あの投げ技はよかったよ」と渡さんから仰っていただいて。「あれはちょっと、あんまり使ってるところ見たことないですよ」とお答えしたんですが、そのときに無理を言ってやってもらってよかったと思いました。

結果的に渡自身もアクション上での芝居の幅が増えたことになる。スタンドインから学んだことも多かったのだろう。では、そのスタンドインにとって恐かったのは爆破とカーアクション、どちらだったのだろう？

永野　カーアクションには一応、車というボディがあるじゃないですか？　火薬関係には囲いがない。何が飛んで来るか分かりません。仕掛けてるのは火薬とセメントとガソリンだけなんです。でも、ものすごいスピードで破裂して飛んできます。一度、北海道の豊平川で確か9月の異常気温の日でした（『西部警察PART-II』第26話）。あの年、30何度っていう日があったんです。そこで爆破シーンがあって、刑事たちが車の方に避難して行くドアを盾に爆発物から身を隠しました。

あの渡さんの、スーパーZのガルウィングのドアに石が飛んで来てゲンコツ大の穴が開きましたからね。そこにいたのは舘さんだった。もしドアの前にいたら直撃ですよ。そういったことがあるから爆破のほうが恐いです。一瞬のことなので避ける時間がないですもん。爆破を担当していたのは大平火薬の菊地潔さん、ちょっと太った、坊主頭の方でした。確か会社がよみうりランドにありましたよね。

まさに職人中の職人で、決して妥協を許さない爆破のプロでした。こうして話していると、あの頃の思い出が次々に脳裡に蘇ってきて、胸が熱くなってしまうのです。

（興味深いエピソードばかりですが、紙面の関係で以下次号へ。楽しみにお待ちください。編集部より）

Profile

ながの・あきひこ

1954年熊本県天草生まれ。1972年日本荏原高校卒業後、俳優を志し、若駒冒険グループに入会。'73年、グループ12騎に参加、高倉英二に師事。'76年、渡哲也のスタンドインを開始、絶対的信頼を得る。以来『西部警察』終了まで続ける。7年間の俳優生活の後、引退し、都内のデザイン会社に勤務。'92年長野県安曇野市に転居して、IHIシバウラに入社。2009年営業部長に昇進、名物部長として活躍。2020年定年退職。現在安曇野市穂高に居住し、夫人と長男の三人暮らし。

日曜日夜8時の国民的人気ドラマ『西部警察』
大門圭介×木暮謙三の最も熱い お蔵出し秘蔵フォト！ 1979-1984

漢たちの出発！

LADY

信頼

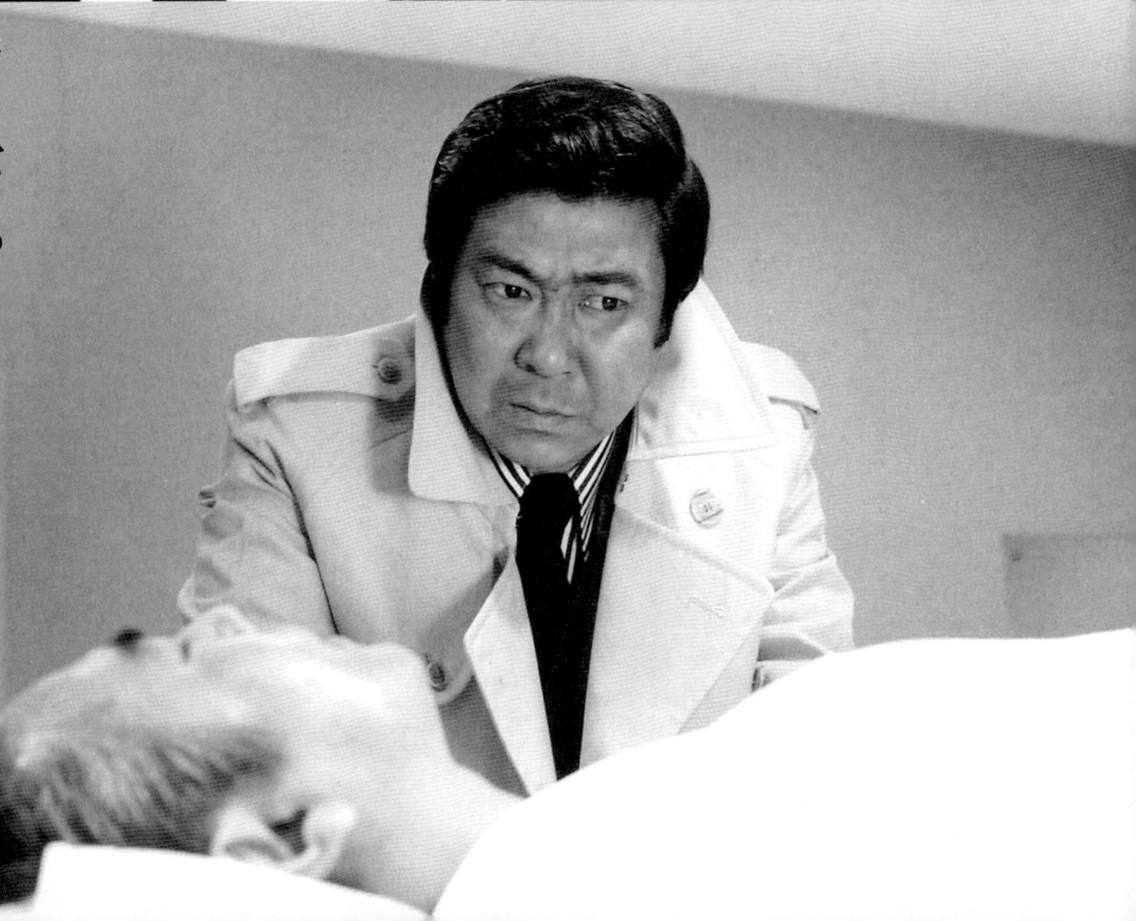

石原プロモーション
西部警察
PART II
PART-II
西部警察
日本全国縦断
静岡ロケから
4VALVE DOHC RS

絆

桐生一馬［西部警察署刑事・愛称リュウ］
加納竜

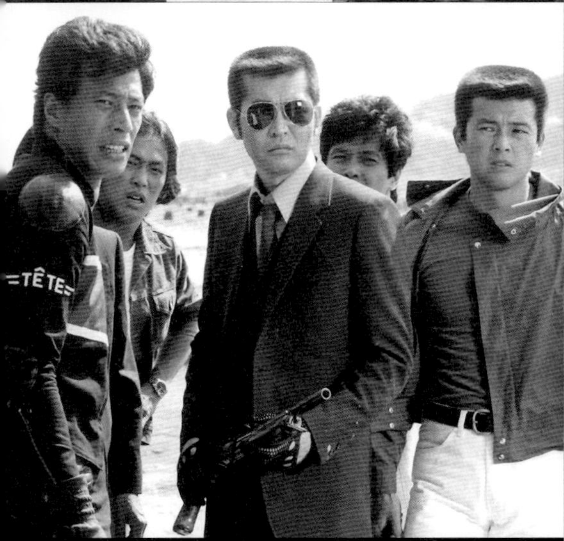

魂

WD
SAFA

追う

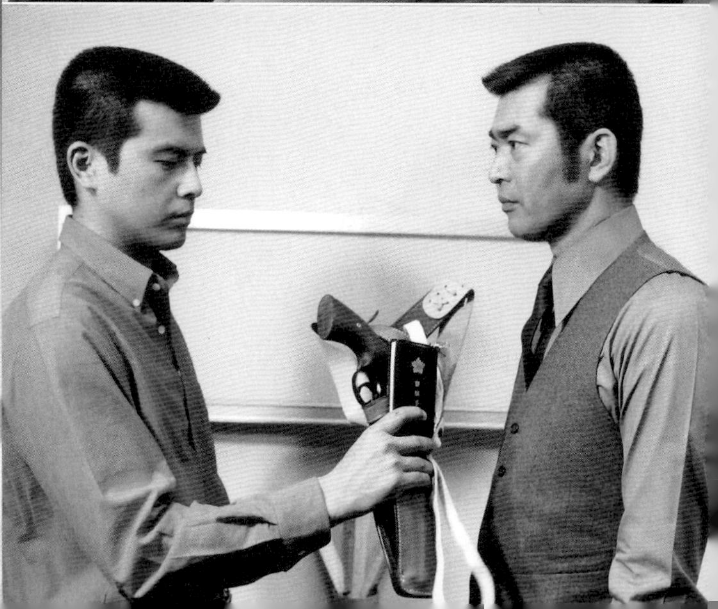

アクション

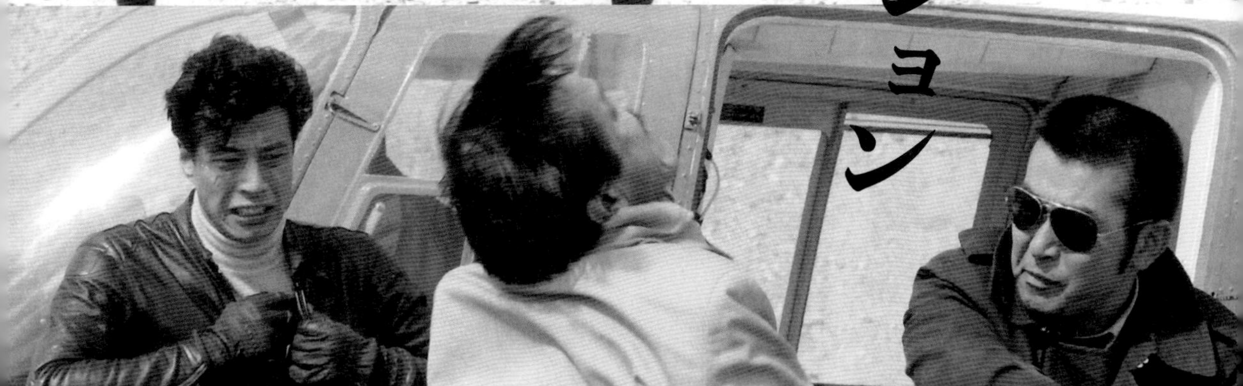

NISSAN

上村七重［スナックセブンのママ］吉行和子

大門明子［大門圭介の妹］**登亜樹子**

命を賭して

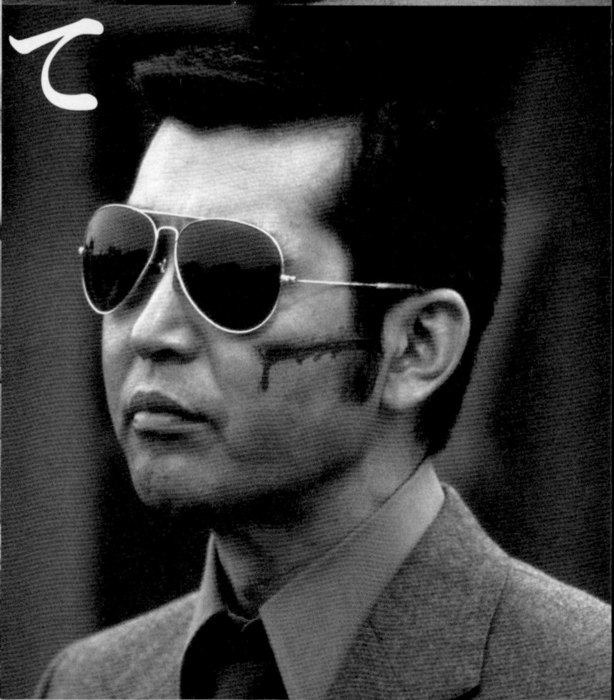

福岡県

再びの絆

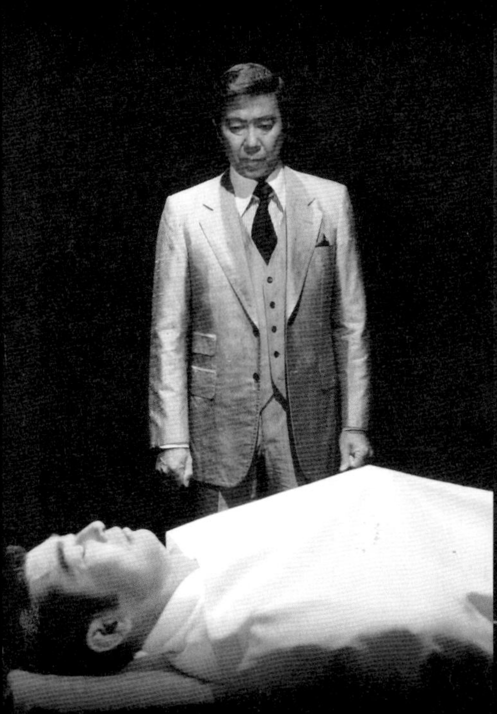

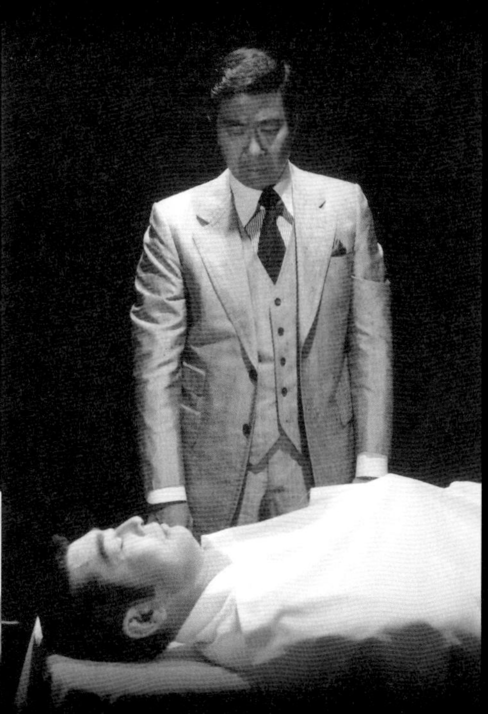

日曜よる8時
テレビ朝日
(株)石原プロモーション

ロード

西部警察PARTII
縦断ロケオ一弾静岡ロケ出陣式
出発地点 東京・調布
・制作 石原プロモーション・テレビ朝日

(株)石原プロモーション
(株)石原プロモーション

みんなの夢の宝石箱だった『西部警察』二つの宝石、石原裕次郎と渡 哲也

『西部警察』シリーズは、全3作がテレビ朝日系にて1979年10月14日〜1984年10月22日まで全234話、『PART-Ⅲ』時に最終回も含めてスペシャルが2本製作・放送された。その後も定期的に地上波やCS放送で再放送が続けられ、人気は再燃。2004年には渡哲也、舘ひろしというオリジナルメンバーに加え、〝21世紀の裕次郎を探せ！〟でグランプリを獲得した徳重聡を筆頭に、ニュー石原軍団を加えた顔ぶれでスペシャル『西部警察SPECIAL 2004』を放送。再度のシリーズ化には至らなかったものの、大いに話題を呼んだ。本書では『西部警察』黄金期ともいうべき第1〜3作までの名場面を、石原裕次郎・渡哲也という番組2トップにターゲットを絞って網羅したパーソナル写真集である。'04年のスペシャル放送後も、やはり再放送は定期的に継続。DVD化、ブルーレイ化もされ、〝動画配信〟という現在主流のメディアでも『西部警察』は人気コンテンツのひとつとしていまだに輝き続けている。とどのつまり、その〝輝き〟の源泉は、石原裕次郎・渡哲也という2大スターに尽きる。そしてそれは、『西部警察』という作品の放つ〝光〟の源、二つの〝宝石〟といえよう。

『西部警察』は、製作会社である石原プロモーション社長・石原裕次郎の、「コンクリート・ウェスタンでいこう！」の鶴のひと声で企画がスタートした。まさに言い得て妙とはこのことで、『西部警察』の世界観をたったひと言で語り尽くしている。第1作目（PART-Ⅰ）の番組宣伝用ポスターにもこのフレーズが添えられているが、その〝コンクリート〟を象徴するのが、主人公・大門圭介率いる大門軍団第一の強敵・装甲車＝レディ・バードだった。コンクリート・ウェスタンの〝コンクリート〟は大都会を意味し、ウェスタンはもちろん〝西部劇〟。

〝現代の大都会で展開される西部劇〟という意味だ。保安官が刑事に、馬が日産車輌に、銃はよりグレードアップされてショットガンやマグナムに。何より幌馬車が装甲車に！——といった具合にすべて〝現代〟に置き換えられ、『西部警察』のタイトルを見事に具現化した。同時にそれは、〝斜陽を迎えた映画や、こじんまりとまとまりがちな通常のテレビドラマの枠に収まらないスケールの大きな作品を創りたい〟という裕次郎の想いどおりの映像となった。このレディ・バードがすべてを象徴しているが、子供向けヒーロー番組ならいざ知らず、ミサイルや潜水艦（『PART-Ⅲ』第9・10話）、核爆弾（『PART-Ⅲ』第32・33話）が登場する刑事ドラマは、日本にはそうない。渡哲也の影武者、アクション俳優の永野明彦も一番印象に残ったという、『PART-Ⅰ』第104話の〝フェアレディZによる運河越え〟などは現代のコンプライアンスからは絶対にあり得ぬことだが、それを当時〝あり得させてしまった〟ことで、ひと目観た者には終生忘れ得ぬ作品となったことは明白だ。

その裕次郎演じる木暮謙三課長の意志と想いを一身に受け、配下の軍団員とともに実行したのが渡演じる大門圭介だった。木暮にとって、まさに自分の手足となって動く〝分身〟とも言うべき存在だ。

『PART-Ⅰ』第88話の撮影中、裕次郎が大動脈りゅうで倒れ、闘病生活に入ったため、木暮はしばし画面から姿を消すが、常に大門の背後には木暮の気配が感じられ、そのため闘病生活を終えての『PART-Ⅰ』第124話での復帰も、視聴者やファンにすんなり受け入れられたのだろう。だが、裕次郎の療養生活は続き、『PART-Ⅰ』第71話等で見せたようなアクションを披露することは無理になり、木暮は課長室から、時に現地に赴き、捜査本部から大門軍団に指令を発するに徹し、出番自体は減った。だが、それが文字どおり怪我の功名となり、〝大門軍団が現場で命を賭している間、木暮は彼らの欲する情報を収集したり、時に彼らの前にたちはだかる警察上層部やさらに上の権力に掛け合い、その壁を取り払う、まさに木暮しかできない役割を果たしている〟感を醸し出し、木暮の〝スーパーマン〟ぶりの演出にひと役買う結果に繋がった。それは木暮と大門、そして軍団との〝かたい絆〟という言葉で表現されて然るべきものだろう。

また、そんな二人、裕次郎と渡の生来の〝車好き〟も作品にプラスに働いた。そもそもが木暮の専用車である特注ガゼールからして、映画『007（ダブル・オー・セブン）』シリーズばりのスペシャルカー・テイストに溢れていたが、裕次郎の意見を多く採り入れて制作されたオーダーメイド警察車輌のマシンXの登場により、作品に新たな魅力が加わることに。以降続々と戦列に加わるサファリ4WDやスーパーZ、マシンRSなどは、特に若年視聴者のハートをわし摑みにした。これらのミニカーやプラモデルまで発売されたが、刑事ドラマの車輌がグッズ化されたのもこれが史上初のことで、当時の人気ぶりが窺《うかが》える。軍団員からもスターが誕生した。タツ＆ハト（舘ひろし）、リキ（寺尾聡）、オキ（三浦友和）、大将（柴俊夫）らは、木暮や大門に並ぶ人気者となった。もちろん、イッペイ（峰竜太）やゲン（苅谷俊介）、ジョー（御木裕）らもまたひと味違う個性でファンを魅了した。面白いのは『PART-Ⅲ』第8話でレギュラー入りした〝最後の新人〟、ジュン役の石原良純が、今テレビで一番人気を誇っている点だろう。

石原裕次郎・渡哲也が目指し、創りあげた究極の〝夢の世界〟それは決して古びも錆びつきもせず、永遠に光り輝く。

（岩佐陽一）

名作プレイバック

石原プロ製作
第1回テレビ作品

大都会 闘いの日々

（日本テレビ系）

すべてはここから始まった

石原裕次郎
東洋新聞社・滝川竜太

×

渡哲也
刑事・黒岩頼介

1976年（昭和51）1月6日第1話放送スタート
～3月23日第12話・最終回放送

ハードな社会派ドラマでスタート

九条浩次
［東洋新聞社記者］
神田正輝

丸山米三
［通称・マルさん／城西署刑事］
高品 格

滝川竜太
［通称・バク／東洋新聞キャップ］
石原裕次郎

混沌《こんとん》とした時代に風穴をあけた名優たちのドラマは圧倒的なパワーを持ってテレビ界を席巻した。

黒岩頼介
［通称・クロ／警視庁捜査四課刑事］
渡哲也

南
［毎朝新聞者記者］
武藤章生

松川純一郎
［毎朝新聞キャップ］
宍戸 錠

ゲストの
川谷拓三

ゲストの
藤岡琢也

ゲストの
伴淳三郎

加賀見乙吉
［城西署四課係長］
中条静夫

日高 明
［東洋新聞記者］
寺尾 聰

大内 正
［城西署刑事］
小野武彦

ゲストの
志賀 勝

三浦直子［バー・ムンクのママ］
篠ヒロコ

黒岩恵子［黒岩刑事の妹］
仁科明子

ゲストの
丘みつ子

ゲストの
いしだあゆみ

名キャメラマン金宇満司、監督の村川透

脚本は右の倉本聰が中心となった

『大都会―闘いの日々―』巨匠・倉本 聰が紡ぐ二人の漢《おとこ》の物語が、今なお観る者を魅了する

『西部警察』が、石原裕次郎と渡哲也の"仕事上の関係性"を投影していたドラマであるとするなら、『大都会』は、二人の"プライベート"を反映させたドラマといえよう。

その『大都会』シリーズ第1作『大都会―闘いの日々―』('76年)は、石原プロ初製作のテレビドラマ第1号でもある。主人公の刑事・黒岩頼介役は渡哲也。裕次郎も製作の陣頭指揮を執りながら、黒岩の大学の先輩で、新聞記者の滝川竜太役で出演した。映画の失敗などで石原プロが窮地に陥ったとき、「何かに役に立ててください」と渡が裕次郎になけなしの200万円を届けた話は有名だ。裕次郎はそのお金を受け取らなかったが、渡の熱い思いにひとり涙した。その渡が石原プロに入社して間もなくNHK大河ドラマ『勝海舟』('74年)を病気降板した際、裕次郎は彼の療養生活を支えた。そして、記念すべき自社製作テレビドラマ第1号の主演を、渡のテレビ復帰作にあてた。渡も裕次郎の意気に応えようと、病気が完治していない身を押して自社製作ドラマの主演に臨んだ。そこに舛田利雄や小澤啓一、澤田幸弘ら元日活の名匠たちが集った。彼らもまた裕次郎への"義"に準じての想いを抱いていた。

さらにもうひとり。当時、監督を辞し、郷里・山形で妻の実家の陶芸業を手伝っていた村川透が、師・舛田利雄との劇的な再会を経て、裕次郎から「村川はどうしてる? 村川も呼べ」と言われて監督に復帰した。裕次郎と渡、二人の漢《おとこ》の下に、志ある男たちが集結したのだ。

こうして見ると、ドラマ『大都会―闘いの日々―』はさまざまな人間たちの"復活と再生の物語"だったことが分かる。

先の『勝海舟』で、諸事情から一時北海道に隠居した脚本家の倉本聰も、『前略おふくろ様』('75年)で全国区ドラマに復帰はしていたものの、いわゆる本格的な、1時間のアクションドラマへの復帰は『大都会―闘いの日々―』からであり、ここでも復活と再生が起きている。

そうして完成した『大都会―闘いの日々―』は、"毎週テレビで観る映画"であり、"かつての日活の大スター、裕次郎と渡哲也を毎週観られる番組"となった。城西署付きの新聞記者で、ニックネーム・バクさんこと滝川。暴力団担当だったために、その腹いせに実の妹・恵子(仁科亜季子)をレイプされ、感情の赴くまま組織へリベンジし、結果、左遷となった刑事・黒岩。この二人の関係はまさに、裕次郎と渡、現実社会での二人の関係性の投影だった。先輩・後輩関係で、互いの家庭と人生を歩みながら、いつもどこかで相手のことを気にかけ、時に助け合う――それは石原プロを超えたところでの両雄の繋がり、"絆"に他ならない。

また、『大都会』は、裕次郎生来の卓越したセンスを随所に感じる作品にもなった。ふだんは撮影や演出にはほとんど口出ししなかった裕次郎が、「オープニングは俺が撮る!」と買って出た。もちろん自社のテレビドラマ初製作に懸ける意気込みからだが、小澤監督と共同で演出にあたることになった。滝川と黒岩がすれ違う、印象的な冒頭カットは裕次郎のアイディアで、このワンシーンだけで二人の関係性と作品世界を充分に描写しており、小澤監督も感心することしきり。恵子が首を振り、髪をふわっとさせるカットも裕次郎の発案だという。恵子役の仁科の魅力を存分に引き出した画《え》で、それをスローモーションで表現する演出センスには、大ベテランの小澤監督もすっかり脱帽した。また、テーマ曲と画のシンクロにも最後までこだわり、小澤監督は改めて裕次郎が歌手である事実を認識した。映像に関することだけでなく『大都会』、『西部警察』両シリーズは随所に石原裕次郎的オシャレ・センスに溢れている。

それも両作が時代を越えて愛される理由のひとつだろう。

最終回、黒岩は、仕事上の仇敵であり、恋敵でもあった男性に、恋人・直子(篠ヒロコ)を奪われ、妹の恵子はその過去から結婚が破談になる。それでも兄妹二人、明日に向かって生きて行く――という、いかにも倉本らしい重厚な人間ドラマで幕を閉じる。

次作『大都会PARTⅡ』('77年)から、黒岩は悪に対して徹底して非情なファイターに変貌して行く。この黒岩の"吹っ切れた"感の根底には、明らかにこの最終回を意識していよう。渡が演じた黒岩もまた、『大都会―闘いの日々―』ラストで心折れるも、『PARTⅡ』で復活し、"孤高のファイター"として再生を果たして行く。その完成形が『西部警察』の大門圭介だったのだろう。

そして『大都会―闘いの日々―』から『西部警察PART-Ⅲ』終了に至るまでの8年間、裕次郎と渡はテレビ界において、"ジャパニーズ・ドリーム"を見事実現した。それを可能にしたのは二人の下に集った男たちだった。先に述べたように『西部警察』は"コンクリート・ウェスタン"をスローガンに製作されたが、まさに『大都会』シリーズ(コンクリート)の世界観に、ウェスタン(西部劇)の要素を加味した作風となった。『大都会』シリーズをよりエンターテインメントに特化した作品が『西部警察』だった。その結果、永遠に語り継がれる究極のエンタメ作品となったのだ。

『大都会』シリーズは。ドラマの中でも外でも、裕次郎と渡、元日活大スターの二人が、テレビの世界において復活と再生を果たした、奇跡のテレビシリーズだった。

(岩佐陽一)

東京に戦車を走らせろ！

あの大ヒット作品はこうして生まれた
西部警察前夜――前編

1979年（昭和54）7月2日　神宮の社にて製作発表

これまでのポリスアクションドラマの既成概念をすべてぶっ壊した『西部警察』の一大デモンストレーション。

１９７９年（昭和54）、製作スタッフたちは、『西部警察』の内容を詰めた。脚本は『大都会PARTⅡ』以降、メインライターの永原秀一が務め、シノプシスを書き上げた。戦車が東京を蹂躙《じゅうりん》する物語――第一話「無防備都市」がそれであった。

テレビ朝日は「戦車」というアイデアに飛びついた。来年、ソビエト連邦で第22回夏期「モスクワ・オリンピック」が開催され、この放送権をテレビ朝日が獲得していた。テレビ朝日としては初めてのオリンピック中継であり、在京キー局で後れをとる同局にしてみれば強烈なアピールになる。さらに、裕次郎がヨットレース日本選手団の特別コーチとして参加する話も持ち上がっている。社内は熱気に満ちていた。

だが、アイデアとしては面白いが、戦車はどこで調達すればいいのか。そもそも、そんなことが可能なのか。やれるとしても、政治的な根回しが当然必要になってくるだろう。「テレ朝の天皇」と呼ばれる三浦専務は中曽根康弘と昵懇《じっこん》と聞くが、三浦専務は五輪中継の件でモスクワへ出張中だった。

石原プロ第一製作室で思案していたコマサは、壁の時計を見て時差を確認し、テレビ朝日から告げられている三浦専務の滞在ホテルに電話を入れた。ロシア語はもちろん話せない。「ミウラ、ミウラ、ジャパニーズ、ミウラ……」と連呼し、交換手も理解したのだろう。三浦専務の部屋につながった。

「専務、戦車一台、何とかなりませんか？」

――なんだコマサ、藪から棒に。

「実は」

説明をはじめると、それを途中でさえぎって、

――わかった、もういい。それ、面白いな。自衛隊も在日米軍も法律的な問題があって難しいだろう。出せるとしたらソ連だな。よし、ソ連から一台持ってきてやる。

「大丈夫ですか？」

思わず聞き返していた。

――大丈夫かとは何だ。最新鋭の戦車は無理にしても、払い下げの退役戦車ぐらいなら用意してくれるだろう。放送権のことで、向こうのお偉いさんに会うから話をしておく。

さすが話は早かった。

「テツ、餅つこうか？」

受話器を置いて、コマサが言う。うれしいことがあると、決まって口にする言葉だった。

銀座に戦車を登場させるストーリーは、荒唐無稽と言えばそのとおりだろう。だが、現実に根ざしたロマンなどありはしない。現実から思い切り飛躍し、そこにどうリアリティをもたすことができるか。石原プロの挑戦でもあった。

その夜、石原邸でいつものように打ち

合わせが始まった。
　治療の甲斐があってか裕次郎の舌の病気も回復に向かっている。
　戦車は三浦専務が請け負ってくれた。シノプシスもできている。秋の放送開始に向け、キャスティングや撮影スタッフなど準備が着々と進んでいた。製作発表会は7月2日とし、それに向けてセールスプロモーションを展開していかなければならない。
　そこで頭を悩ますのが番組タイトルだ。
「これに決めたいんですが」
　とプロデューサーの石野が一枚の紙を差し出した。『西部警察署』というタイトルに「コンクリート・ウェスタン」というキャッチコピーが添えられている。番組のコンセプトである「現代版ウェスタン（西部劇）」をもとに、石原プロとテレビ朝日が何度も会議を重ねて決定したものだ。
　裕次郎が紙を手に取って、
「コンクリート・ウェスタンってのは威勢がよくっていいが、『西部警察署』ってのはいただけないな」
　即座に言って、
「この〝署〟ってのがまどろっこしい。取っ払って『西部警察』でどうだい？」
　提案した石野はもちろん、渡も、コマサも、金宇も〝目からウロコ〟の思いだった。
〈そういえば〉
　と、渡が『大都会』のタイトルを決めたときのことを思い返す。作家の倉本聰が持参した企画書の題名は『夜の紋章』となっていた。
「テツ、どうだ？」
　主演する渡に裕次郎がきいた。
「作品の内容と雰囲気がよく出ていると思います」
　裕次郎と倉本を交互に見やりながら、渡が率直な意見を言った。
「うん。いいタイトルだ。さすが倉本っちゃんだ。映画なら」
　映画なら――という言葉に、渡も倉本も怪訝そうな顔をして、裕次郎の言葉を待った。
「これは家で見るテレビ映画だ。茶の間にはいろんな人間がいる。男もいりゃ女もいる。子供も親父も、爺さんも、婆さんも、姉ちゃん、兄ちゃんもいる。男は別として、『夜の紋章』という言葉に誰もがピンとくるだろうか？」
　ひと呼吸おいて、
「『大都会』ってのはどうだい？　この作品は夜の大都会で起こる人々の悲喜こもごもを描いているわけだろう？『大都会』というタイトルは『夜の紋章』にも通じるものもあるんじゃないか？」
「なるほど」
　倉本が膝を叩くようにして、
「語感もいい。雰囲気もいい。『大都会』でいきましょう」
　その場でタイトルが決まった。渡は裕次郎のセンスのよさに感心するばかりだった。
　そして春、石原プロとテレビ朝日は満を持し、今秋から『西部警察』を放映するとメディアに発表した。放送時間は日曜夜八時のゴールデンタイム。ＮＨＫ大河ドラマの独壇場で、他局にとって不毛

神宮絵画館前に集結した西部警察署のパトカーと白バイ。

の時間帯だった。それを承知で石原プロもテレビ朝日も、この時間帯にぶつけたのだ。
裕次郎は記者に問われて、こう言った。
「この時間帯のテレビ朝日の視聴率は4から6パーセントですよ。だけど、コンリートでも割れ目に種まきゃ、花だって咲く。僕たちはシリアスなドラマとか、シチ面倒臭いことはやらない。アクションで大河ドラマを叩きつぶせ——それしかない。教訓じみたことを刑事《デカ》が言ってもしょうがないんで、車ブッ飛ばしてスカッとする。それでいいじゃないか、ってね」
日本テレビは、人気だった『西遊記』のPARTⅡを同じ時間帯にぶつけてきた。日曜夜八時は激戦区となる。
「大河ドラマ上等、西遊記上等。負ける喧嘩はしない」
裕次郎は爽やかに笑った。
事態が急変するのは、その直後のことだった。
「えっ！　戦車は無理！」
受話器を持ったコマサが噛みつくように言った。
第一製作室に詰めている石原プロの社員たちが一斉にコマサを見やる。
「どういうことです？　ええ、はい、アフガン？　ニュースで知っていますが……はい、わかりました。考えてみます」
コマサが険しい顔で受話器を置くと、
「テツ、三浦専務からだ。ソ連が戦車は貸せないってよ」
「アフガンがどうかしたかい？」
「アフガニスタンをめぐって、西側とソ連がモメてるらしい。——お茶！」
若い社員に怒鳴ってから、
「ヤバイな」
「マスコミを通じて、『西部警察』は戦車の話題で持ちきりだよ」
「わかってる」
「戦車は無理になったと発表しよう。世間もわかってくれる」
「そうはいかない」
「コマサよ、だけど放っておけば、戦車の話は一人歩きするぜ。取材が殺到しているから、発表するなら早いほうがいい」
テツは潔《いさぎよ》い。一本気で竹を割ったような男だ。そこが素晴らしさだとコマサは思っている。テツが戦国武将なら、戦に敗れたときはためらわず腹を掻《か》っ捌《さば》くに違いない。だが、俺は違う。戦に敗れても、腹など切らないし投降もしない。どうやって生き延びるか、そのことだけを考える。まして今回の戦車は石原プロの命運がかかっているのだ。メンツは一度、ツブしてしまうと、男の人生はその時点で終わる。嘲笑は死ぬまで——いや、死してなお人の口を通して生き続ける。石原プロは裕次郎という神輿《みこ》しを担いでいるから存在価値がある。裕次郎に恥をかかせることは、石原プロをつぶすの同じだとコマサは考えるのだ。

ガゼールの特注オープンカーの乗ってファンサービスに務めた石原裕次郎、渡哲也。

「白旗を上げるわけにはいかない」
「どうするんだコマサ！」
「これから考える」
この年——1979年（昭和54）暮れ、『西部警察』の放送がスタートした

2カ月後、ソ連軍がアフガニスタンに侵攻し、これが翌年7月に開催されるモスクワ五輪ボイコットへとつながっていくことになる。
コマサはすぐにテレビ朝日に三浦専務を訪ね、しかるべきルートを通じて陸上自衛隊に打診してもらった。だが、自衛隊の存在は憲法解釈によって是非があり、微妙な立場に置かれている。
「駐屯地もしくは基地内での走行撮影なら許可を出せます」
という回答が精一杯であった。テレビ映画の撮影の要請に応じて基地外——それも東京のど真ん中に戦車を繰り出せば国会で大問題になるだろう。
「そうか、戦車は無理か。じゃ、ストーリーを変えればいい」
状況を聞いて、裕次郎らしい屈託のない答えが返ってきた。
「自分もそう思います」
と渡が恬淡《てんたん》とした口調で応じると、
「ダメですよ」
コマサがムキになる。
「マスコミを通じて大ミエを切ってるんですよ。恥をかきます。恥をかけば『西部警察』はコケるかもしれません」
「だけどお前、手品じゃあるまいし、戦車をどこから出してくるんだ」
「出しません」
ひと呼吸置いて、
「借りれないなら作ります」
と真剣な顔で言った。
一瞬、裕次郎は言葉の意味が呑み込めなかったのだろう。渡の顔を見やってからコマサに向き直ると、
「お前は、たいていのことはやってのける。それは俺も認めるよ。だけど、コマサ、戦車をどうやって作るんだ。気持ちはわかるけど、こればっかりはいくらお前でも無理だよ」
苦笑いを浮かべると、
「三日間、お時間をください」
言い置いて、コマサが立ち上がった。

パトカーが出動した

翌朝、コマサは小松製作所の知人に電話を入れ、建設機械担当者にアポを取ってもらった。
小松製作所とは撮影機材の協力依頼などでつき合いがあった。同社は建設・鉱山機械メーカーで、建設機械のシェアで世界二位のビッグカンパニーである。コマサはブルドーザーに目をつけたのだ。
午後、赤坂にある小松製作所本社を訪ねたコマサは、例によって、いきなり本題を切り出す。
「戦車を作っていただきたい」
「戦車？」
係長の肩書きを持つ担当者は目を剥いた。
「そうです、戦車です。撮影に使う」
「それでしたら小型トラックに板張りするとか、いろいろやり方があるんじゃないですか？　わざわざ作らなくても……」
「わざわざ作らなければならんのです」
さえぎって、
「本物の戦車を走らせます。キャタピラの音をダカダカと鳴らして、銀座のど真ん中を走らせる。だから本物でなくてはならない」
「ああ、『西部警察』ですね」
担当者はスポーツ新聞に載っていた記事を思い出したのか、笑顔を見せて、
「本物の戦車が登場するんでしたね」
「そうです。しかし」
と、ソ連から借りれなくなった経緯、自衛隊は法律的に貸し出せないということを手短に説明して、
「だから作るしかないんです」
と迫るように言った。
「確かにブルドーザーをベースにして、上部構造に大砲を造作すれば、見た目は戦車になりますが」
「設計と見積もりをお願いします。急いで」
「本気ですか？」

「私はいつも本気です」
こうして戦車の製作はスタートしたが、難題が持ち上がる。市街地での撮影のため、関係各所の許諾に動いていたスタッフから電話で緊急報告がきた。
――道交法に引っかかります！
戦車のキャタピラで市街地を走ればアスファルトが剥がれ、道路がガタガタなってしまうので警察の許可が下りないと、スタッフが早口で言った。
「道路がパーになったら造り直せばいいじゃねぇか」
――私に言われても……。
「わかった」
コマサはみずから警視庁に出向いて幹部に直談判したが、「道路がだめになる」という一点張りで、取りつく島もなかった。
戦車を走らせるのは無理だ。
いや、戦車が無理なのではなく、キャタピラで走らせることが無理なのだ。
コマサは発想を変えて係官に念押しする。
「アスファルトに傷がつかなければいいんですね？」
「それはそうだが」
「装甲車に変更します」
「装甲車？」
「キャタピラでなく、重機専用の巨大な4輪タイヤ――これを履かせます。これなら問題はないでしょう」
「それはまあ、そうだが」
「それで道路使用許可願いを出します」
こうして許可を取得したのだった。
山頂へ至る登山道は一つではない。障壁にぶつかったら迂回ルートを探し、縫うようにして山頂を目指す。登山もビジネスもそれは変わらない。コマサの執念だった。
それから4カ月後の1979年（昭和54）7月2日、東京・明治神宮外苑前にある聖徳記念絵画館前広場で、新番組『西部警察』の製作発表会が行われた。
裕次郎と渡を筆頭に寺尾聰、舘ひろし、藤岡重慶、苅谷俊介、五代高之、庄司永建、古手川祐子、佐原健二、武藤章生、布目ゆう子ら大門軍団のレギュラーメンバーが勢ぞろいした。撮影に使用する捜査用の特別車輌やパトカー、オートバイのハーレーダビッドソンなど三十台以上が並ぶなかで、ひときわ目を引くのが、白い布に覆われた〝大きな塊〟だった。
「これから除幕式を執り行います」
という司会者の言葉で、裕次郎と渡が紐を手にし、力強く引いた。白い布がすべるように落ち、装甲車が威容をあらわす。詰めかけた報道陣、そして足を止めて見物していた群集からどよめきが起こった。
装甲車TU-89355――。当時の貨幣価値で五千万円を投じた通称「レディーバード」のお披露目であった。
翌日、メディアは、『強力裏番組をぶっ

観客のド肝を抜いた装甲車レディバード

飛ばす』という大見出しで、こう報じた。

《重量約二〇トン。乗車定員は三人、最高速度一二〇キロ、航続距離一〇〇〇キロ、全長七・六メートル、高さ三・三メートル、幅三・〇メートルという本格的なものだ。色は草色、装備は4ミリ戦車砲一門と20ミリ、70ミリの機銃が各一門。左右には三門の煙幕砲までそなえつけてある。外観は鋼鉄製の装甲車が、なんと空に向かって125ミリ戦車砲をぶっ放した。〝ドカーン〟という音が神宮の森に響き渡る。東京サミットの期間中なら、この音にパトカーがあっちこっちからかけつけたに違いない》

砲撃はもちろん空砲だが、まさか神宮外苑でブッ放すとは、メディアは思いもしなかったことだろう。これはコマサのアイデアで、「お前らな、花火はドカーンという音があるから、見物客が〝おおっ〟となるんだ。レディーバードだっておんなじだ」――この一言で決まったのである。通行人が足を止める。絵画館前は人々でごった返し、異様な熱気に包まれる。インパクトはすさまじく、番組に対する期待はさらに高まった。

〈さすが石原プロだ〉

と、日本テレビの井原局長は唸っていた。番組宣伝のため、何か仕掛けてくるだろうとは思っていたが、ここまでやるとは……。「いつでも帰ってきてくれ」と告げたが、ひょっとしてそれはあり得ないのではないか。石原プロは『西部警察』を成功させる。裕次郎、渡、コマサの三人の顔を思い浮かべながら、井原はそう思った。草創期から日本テレビを牽引してきた企画マンの直感だった。

『西部警察』の記念すべき第1・2話「無防備都市―前・後編―」(脚本・永原秀一/監督・渡辺拓也)は、製作発表記者会見の3日後、1979年7月5日にクランクインした。東京・銀座のど真ん中に突如装甲車が出現するシーンは、まるで白昼夢のように鮮烈なイメージで視聴者を圧倒したが、その画面の裏では出演者・スタッフ一同が凄絶なバトルを繰り広げていた。

霞が関の国会議事堂前を、テロリスト・グループが米軍基地から強奪した、最新鋭の装甲車TU-89355、通称・レディーバードが疾走するシーン。スタッフは警察に道路使用及び撮影許可を取っている。

親しいスポーツ紙の記者から石野プロデューサーは問われた。

「裕次郎さんのお兄さんの石原慎太郎さ

んが衆議院議員だから、そっちから手を回したんですか」

石野は苦笑しながら答えた。

「そうしてもらえたらどんなに楽だったことか。でもね、職権乱用で咎められてしまうのでそんなことはお願いできないよ」

「じゃ、たいへんだったでしょう」

「石原プロ製作スタッフで、警察署や役所に一件一件頭を下げ、事情を説明して許可をもらったんだ。そりゃもう、たいへんな努力でしたよ」

いざ、装甲車が議事堂の前を走り始めると、赤い回転灯の明滅とサイレン音の雨あられ。本物のパトカーが大挙して現れた。スタッフの怒声が飛ぶ。

「撮影許可は取ってるよ！」

と、パトカーの窓から首を出した警官も怒声で答える。

「本物の戦車を走らすやつがあるか!?」

「本物じゃない、撮影用に作ったんだ!!」

パトカーを止めて降りて来た警官たちにスタッフが状況を説明すると、

「もっとハリボテのオモチャみたいなものだと思っていた……こんなのとわかっていたら許可しなかった」

と呆れたようにつぶやく。

「とにかくこっちは許可をもらってるんだから！」

スタッフと警官隊との間で怒声が飛び交い、まるで60年代安保闘争のような小競り合いが続く。その間も撮影用のカメラは回りっぱなし。結局、その間に装甲車が議事堂の前を走るシーンは無事撮り終わり、なおかつスタッフは、小競り合い中の警官隊とパトカーもカメラに収め、エキストラカットとして使用した。

また、装甲車が倉庫街を走り、大門団長提案のダイナマイト攻撃を受けるシーンは東京・築地で撮影されたが、大量の火薬を使用し、危険を伴うため人気のない早朝に行われた。だが、それが裏目に出た。

築地といえば早朝こそがかき入れ時。撮影準備を進めるスタッフたちの目の前に、仕入れ、搬入・搬出のトラックが続々と現れた。車止めを担当していたスタッフが1台1台に事情を説明し、頭を下げ、1カット1カットを撮り終えるまで待機してもらった。築地を訪れるトラックの運転手は気性の荒い者が多い。

「いつまで待たせるんだ！」「商売の邪魔するな！」「バカヤロー！　別のとこでやれ!!」——さまざまな罵声が頭を下げるスタッフの頭上に浴びせかけられる。撮影は押し、やがて朝の競りの時間が本格的に始まった。当然トラックの数は増し、当初予定していた人員では足りず、スタッフ総出で車止めにあたった。録音担当の佐藤泰博、照明助手の椎野茂まで駆り出され、佐藤は土下座までしてトラックを止めた。

それ以降約5年もの長きにわたり、同じ苦労をほぼ毎日体験する日々が訪れるとは、この時点で関係者の誰一人として思っていなかったことだろう。

当時の新聞・雑誌にはいずれも「全26回放送予定」と書いてあった。

1979年（昭和54）9月11日、第四十九話となる『大都会PARTⅢ』の最終回「黒岩軍団抹殺指令」が放送され、トータルで三年続いた『大都会』3部作が完結した。平均視聴率25パーセントという高視聴率をあげ、石原裕次郎と石原プロモーションのテレビ映画への挑戦は、テレビ史に大きな足跡を刻んだ。

それだけに、ファンも、世間も、メディアも、来月10月14日からテレビ朝日で放送が始まる新シリーズ『西部警察』に注目した。

戦車で勝った

10月14日午後8時、テレビ朝日系列で『西部警察』がスタートした。

ゴールデンタイムと呼ばれる日曜のこの時間枠はNHK大河ドラマとぶつかり、「魔の時間帯」として民放各局は敬遠した。大河ドラマは石坂浩二が源頼朝を演じる『草燃える』で、9カ月前の1月7日から放送を開始。視聴率は20パーセント台をキープし、時に30パーセントを超える安定した人気を誇っている。「コンクリート・ウェスタン」と銘打った『西部警察』がどこまで食い込めるか。この時間帯のテレビ朝日の視聴率は4〜6パーセント。ニケタの視聴率が取れれば大勝利と言ってよかった。

各局が注視するなか、『西部警察』が放送される。西部警察署捜査課の部長刑事・大門圭介（渡哲也）が、舘ひろし、寺尾聰、藤岡重慶、苅谷俊介、五代高之ら大門軍団を率い、同署捜査課長・木暮謙三（石原裕次郎）とともに凶

悪犯罪に立ち向かっていく。勧善懲悪のわかりやすい構図の上に、テロリストがジャックした米軍のTU-89型装甲車—通称「レディーバード」が白昼の国会議事堂前、そして銀座にその威容をあらわす。鎌倉時代を舞台とする『草燃える』に対して、『西部警察』は現代アクション娯楽ドラマで対抗する構図になった。

大門団長役の渡哲也をはじめ、寺尾聰、舘ひろしら出演者全員が吹き替えなしのスタントに挑み、なんとか第1・2話の撮影が終わった。

結果、『草燃える』が25・5パセーントとこれまでどおりであったのに対して、『西部警察』18・8パーセントという予想を裏切る高視聴率を取った。テレビ朝日が同枠で放送してきた番組の実に3倍以上の視聴率であった。翌週の『草燃える』は討伐シーンの山場があるため『西部警察』の苦戦が予想されたが、これも大河ドラマの31・7パーセントに対して、『西部警察』は先週に引き続いて18・4パーセントを叩き出したのである。

テレビ朝日、そしてプレハブ建ての石原プロ製作室で歓声があがった。スポンサーも、かねて裕次郎のCM出演で親交のあった宝酒造や、『栄光への5000キロ』でタイアップした日産自動車などのほか、東急エージェンシーの協力を得て東芝、出光など多くの企業がついている。石原プロが目指すテレビ界の新しいビジネスモデルは、こうして華々しく船出したのだった。

裕次郎はテレビ画面に目をやったまま、自分に言い聞かせるかのようにつぶやく。

「子供の発想が大事だと思う。それを大の大人がマジメな顔して何千万円もかけて仕掛けをつくってしまう。人に言わせれば〝アホか〟ということになるだろう。だけど、それがロマンであり、この仕事の面白さじゃないか。仕掛けだけでなく、ビジネスの面でも、番組の内容でも、とにかく人の考えないようなことを我々はやっていく」

そして、渡とコマサに向いて、

「為《な》せば成《な》る——素敵な言葉じゃないか」

笑顔から白い歯がこぼれるようだった。

『西部警察』では、派手な爆破や銃撃戦に加え、カーアクションも大きな魅力の一つだった。

『大都会』では、日本で最も有名なカースタントマン三石千尋を得て『西部警察』では三石に次いで有名な実力カースタントマン大友千秋を得た。彼らがやってのけた激しいカースタントに本場ハリウッドの映画関係者らも瞠目《どうもく》した。

『太陽と呼ばれた男』向谷匡史著（青志社刊）より

初めて明かされた 石原プロ社歌「太陽と星たちの賛歌」秘話

石原プロから36年ぶりに発掘された幻の社歌の知られざる感動物語

石原プロ関係者だけに配られた非売品「太陽と星たちの賛歌」ＣＤを今回特典として読者に。

社歌は裕次郎さんと渡の精神が受け継がれている。

2014年（平成26）7月9日舘ひろしをボーカルに石原プロ若手俳優らとレコーディング。

石原裕次郎さんとなかにし礼さんの運命的な出会い

石原裕次郎さんと、作詞家で直木賞作家のなかにし礼さんが初めて会ったのは、1963年（昭和38）のなかにしさんが、まだ二十代で新婚旅行で訪れた伊豆の下田東急ホテルのバーラウンジであった。

裕次郎さんは映画『太平洋ひとりぼっち』の撮影で投宿していた。

すでにその頃、裕次郎さんは映画の大スターで、数々のヒット曲も出していた。

バーのカウンターで、裕次郎さんは、当時の石原プロ幹部と、グラスを傾けながら、カップルで入ってくるベストカップルの当てっこをして、楽しんでいた。グラスを傾ける裕次郎さんの手が上がった。

「あの新婚カップルが一番だね。さわやかでイカス。ちょっとこっちへ呼んでみよう」と、石原プロ幹部を通して二人をカウンターに誘った。まさかの石原裕次郎からの誘いだ。若いカップルは驚いた。

若い男性は名をなかにし礼と告げ、「新婚旅行で下田のこのホテルに来たんです」と笑顔で答えた。

「そうか、おめでとう。それじゃ一杯おごるから、飲もう」

と裕次郎さんも笑顔で応えた。

仕事はシャンソンの訳詞を書いてい

なかにし礼さんが作詞した石原プロ社歌「太陽と星たちの賛歌」の直筆原稿

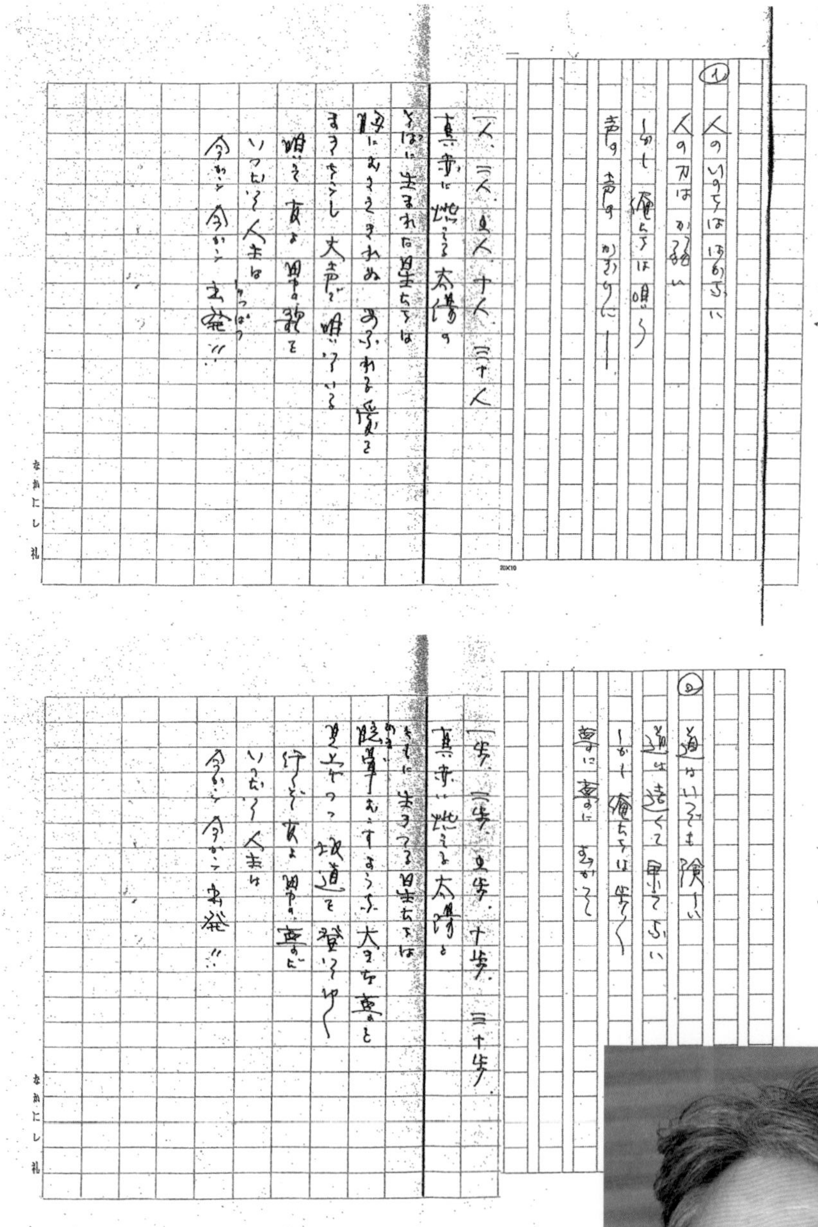
太陽と星たちの賛歌

①
人のいのちは はかない
人の力は か弱い
しかし 俺たちは 唄う
声の 声の かぎりに ――
一人 三人 五人 十人 三十人
真赤に燃える太陽の
そばに生まれた星たちは
胸にあふれる あふれる愛を
まきちらし 大声で唄っている
唄え 友よ 男の歌を
いつだって人生は
今から 今から 出発!!

なかにし礼

②
一歩 三歩 五歩 十歩 三十歩
真赤に燃える太陽と

なかにし礼

石原裕次郎さんとの出会いが歌謡曲の作詞を始めるきっかけとなったなかにし礼さん

る、となかにしさんは答えた。

なかにしさんに裕次郎さんは、「これからは、日本の歌を書けよ」と告げ、書き始めることをなかにしさんに約束させた。この出会いによって二人の交流が始まり、やがて、当時石原プロに所属していた黛ジュンの「天使の誘惑」を作詞して、レコード大賞を受賞した。

「作詞家、なかにし礼の生みの親は石原裕次郎さんです。あの出会いがなかったら僕の人生は大きく変わっていた」

後年、なかにしさんは、裕次郎さんとの出会いをそう語っていた。

裕次郎さんの夢を受け継ぐ

そんななかにしさんに1978年（昭和53）に入って裕次郎さんから石原プロ社歌のオファーが来た。5月に宝酒造と石原プロのCM10周年パーティーを予定

宝酒造と石原プロのCM提携10周年パーティーで披露するはずだった「太陽と星たちの賛歌」。

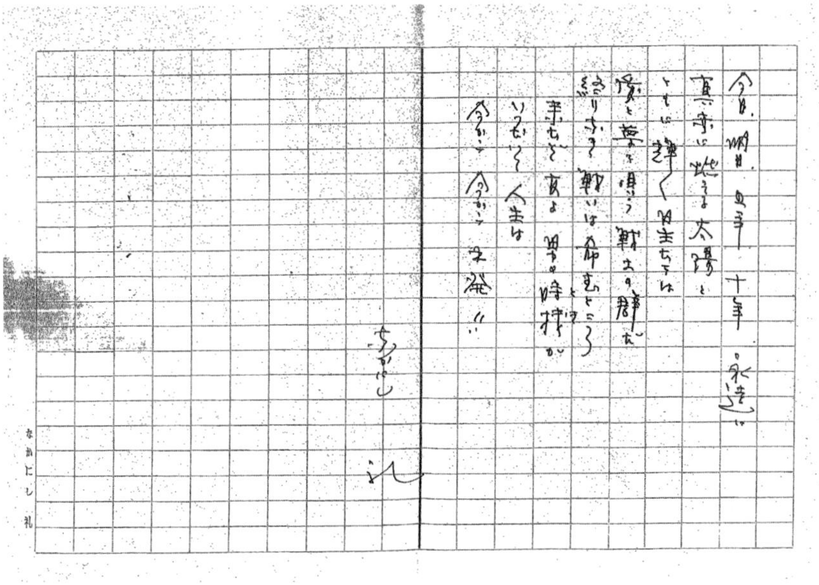

今日、明日、五年、十年、永遠に
真赤に燃える太陽と
ともに輝く星たちは
愛と夢を唄う戦士の群れだ
終りなき戦いは命あるところ
未来を友よ男の時代が
いつでも人生は
今から今から出発!!
裕次郎
礼
なかにし礼

していて、そこで石原軍団のみんなで歌える歌を作ってほしい、との依頼だった。しかし、社歌はできたものの、この頃から裕次郎さんの病魔との闘いがはじまっていき音源を収録することなく、幻の社歌となって石原プロに眠ったままになってしまった。それから36年の年月が過ぎ、「石原プロ50年史」の社史制作の際、偶然にその詞と譜面が成城の裕次郎さんの書斎の戸棚から発見されたのである。この事はニュースとして当時、スポーツ各紙と、テレビの情報番組内で「石原プロの幻の社歌を発見」と大きく報道されて話題となった。

この年の7月、石原裕次郎さんの夢を受け継ぐために、舘ひろしのボーカルと、徳重聡、金児憲史、池田努、宮下裕治らのコーラスによってレコーディングがされ、裕次郎さんの二十八回目の命日となる7月17日からしばらくの間、同社の公式サイトで無料配信がされた。

壮大なメロディーに、

〽唄え、友よ、男の歌を……

という仲間への愛をつづった歌詞は、裕次郎さんのおとこ気あふれる魂に重なって、石原プロの関係者に非売品として記念CDが配られた。

この度、石原音楽出版の協力をいただき、社歌のCDを本誌創刊記念の特典として、読者にお届けいたします。

C G7 F G7 C
ひとのー いのち がーー はか ないことはしっている
みちはー いつで もーー けわ しいことはしっている
C G7 F G7 C
しかしー おれた ちはー うたう こえの かぎり に ひと
しかしー おれた ちはー あるく ゆめに むかって いっ
Am Em F G7
り ふたり ごにん じゅうにん さん じゅうにんまっかにもえるたいよう
ぽ にーほ ごーほ じゅっぽ さん じゅっぽーまっかにもえるたいよう
(𝄋)う あした ごねん じゅうねん えい えんにーまっかにもえるたいよう
C Am Em F
の そばにーうまれた ほしたちは むねに おさえきれぬあふれる
と ともにーいきてる ほしたちは めまい おこすようなおおきな
と ともにーかがやく ほしたちは あいと ゆめをうたうせんしの
G7 Am Em F♯m7-5 G7
あいをー ま き ちらし おおごえで うたってい
ゆめをー み あ げつつ さかみちを のぼってゆ
むれだー お わ りなき たたかいは のぞむとこ
C Dm7onG C Dm7 G7
る うたえ ともよ おとこのうたを おとこのうた
く ゆくぞ ともよ おとこのゆめだ おとこのゆめ
ろ きたぞ ともよ おとこのときが おとこのとき
C FM7onG C E F6 G7 to 𝄌
を いつ だってーいつだってーじんせ いは いまからしゅっぱ
だ いつ だってーいつだってーじんせ いは いまからしゅっぱ
が いつ だってーいつだってーじんせ いは いまからしゅっぱ
1. 2. 𝄌 Coda
C C C
つ つ きょ D.S. つ

石原プロモーション社歌
太陽と星たちの賛歌

作詞：なかにし礼　作曲：羽田健太郎　編曲：船山基紀

1.
人のいのちが はかないことは知っている
しかし　俺たちは唄う
声の限りに

一人、二人、五人、十人、三十人
真赤に燃える太陽の
そばに生まれた星たちは
胸におさえきれぬ　あふれる愛を
まきちらし　大声で唄っている
唄え　友よ　男の歌を　男の歌を
いつだって人生は
今から　今から　出発!!

2.
道はいつでも　険しいことは知っている
しかし　俺たちは歩く
夢に向かって

一歩、二歩、五歩、十歩、三十歩
真赤に燃える太陽と
ともに生きてる星たちは
眩暈をおこすような　大きな夢を
見上げつつ　坂道を登ってゆく
行くぞ　友よ　男の夢だ　男の夢だ
いつだって人生は
今から　今から　出発!!

今日、明日、五年、十年、永遠に
真赤に燃える太陽と
ともに輝く星たちは
愛と夢を唄う　戦士の群だ
終わりなき戦いは　希むところ
来たぞ　友よ　男の時が　男の時が
いつだって人生は
今から　今から　出発!!

石原プロ20周年パーティー打ち上げ。後列左から神田正輝、峰竜太、舘ひろし、石原良純、御木裕、前列渡哲也、石原裕次郎。

西部警察 PERSONAL 1
石原裕次郎×渡哲也
THE KING OF SEIBUKEISATSU

C O N T E N T S

特別特典

石原プロ社歌
「太陽と星たちの賛歌」CD
カラオケ付

次号予告

発売は11月中旬予定です。
西部警察 PERSONAL 2 SUPER HERO

発行日 2021年8月24日 第1刷発行
2021年9月22日 第2刷発行

編集人
発行人 阿蘇品 蔵

発行所 株式会社青志社
〒107-0052 東京都港区赤坂5-5-9 赤坂スバルビル6F
（編集・営業）Tel：03-5574-8511
Fax：03-5574-8512
http://www.seishisha.co.jp/

印刷・製本 株式会社プラスコミュニケーション

装丁
デザイン 加藤茂樹
撮影 小島愛一郎（永野明彦インタビュー）
編集 岩佐陽一・久保木侑里
進行 三浦一郎
制作協力 ㈱石原音楽出版社
写真提供 ㈱石原音楽出版社
㈱文化工房
永野明彦
thanks ㈱テレビ朝日
※文中敬称略

ISBN 978-4-86590-120-7 C0074